CONSIDÉRATIONS

SUR LA

PUISSANCE RELATIVE DES ÉTATS

PARIS

LIBRAIRIE MILITAIRE DE J. DUMAINE

RUE ET PASSAGE DAUPHINE, 30.

—

1867

PARIS. — TYPOGRAPHIE RENOU ET MAULDE, RUE DE RIVOLI, 144

Je voudrais indiquer dans cet écrit quel est le fondement de la puissance des États, et par quels moyens cette puissance se conserve. Examinant ensuite la situation créée à la France par les derniers changements politiques survenus en Europe, j'oserai déduire de cet examen les garanties que réclament sa sécurité et sa grandeur.

J'écarterai de cet aperçu général tout fait particulier ou accidentel. Je cherche, au milieu du trouble où les derniers événements opérés en Italie et en Allemagne ont jeté les esprits, la vérité sur ces graves sujets qui s'appellent grandeur et forces des États : armées, frontières, organisations militaires. Étranger à tout parti de la politique, je ne suis mû que par un seul sentiment : l'amour ardent de mon pays.

PREMIÈRE PARTIE

I

Inquiétudes patriotiques du pays.

Le moment de présenter quelques considérations sur le principe de la puissance des États n'est pas inopportun, et les questions qui se rattachent à l'organisation des forces des empires ne sont pas oiseuses.

L'Europe traverse une crise redoutable. Des questions vitales sont à l'ordre du jour. Le Gouvernement cherche à maîtriser les événements, mais partout on forge des armes.

Il y aurait quelque aveuglement à méconnaître la gravité, et l'étrangeté même, des faits qui se déroulent devant nous. Une inquiétude, vague chez les uns, raisonnée chez les autres, règne dans les esprits. On se sent comme amoindri sans avoir cédé, comme dépossédé sans avoir lâché pied. Les événements d'Allemagne de 1866 sont la cause directe de ces agitations ; ils ont, en outre, fait surgir subitement les plus redoutables problèmes. Une révolution immense, inattendue, a éclaté dans le nord de l'Allemagne et s'est propagée rapidement dans le sud. L'Europe maintenait péniblement entre les puissances l'équilibre politique qu'elle avait imaginé. Soudain, la Prusse se lève et affirme son droit de domination sur l'Allemagne. Elle abat ses ennemis comme des soldats de carton, elle détrône les rois qui lui résistent, elle étend sa puissance au delà même des limites qu'elle assigne à son empire. Peuples et rois se soumettent et font cortége aux nouveaux conquérants. En un jour, tout l'équilibre des forces de l'Europe est rompu. La France est frappée de stupeur. Un sentiment de jalousie et d'envie la traverse ; bientôt elle n'envisage plus ces grands événements qu'au point de vue des intérêts fondamentaux et permanents du pays. Elle en mesure la portée. Or, ce n'est pas une puissance éphémère qui s'abat sur l'Allemagne, comme Gustave-Adolphe au dix-septième siècle ; c'est la Prusse qui en prend définitivement possession, et se dresse devant la France, à la tête des peuples germaniques, comme une muraille de granit se dresserait devant une cité populeuse pour en arrêter le développement et l'essor. Ce n'est ni un revers de notre politique ni une défaite de nos armes qui frappe la France, c'est le contre-coup d'événements imprévus et contraires qui l'atteint ; mais jamais depuis Charles-Quint, son avenir politique n'a été aussi menacé. Le patriote français, confiant dans un gouvernement national, ne doit pas désespérer, mais, en jetant un regard sur la scène du monde, il peut s'écrier comme Pitt sur son lit de mort, voyant grandir contre sa patrie une puissance formidable :

« O mon pays ! »

II

§ **I. — Pourquoi la prospérité intérieure et la puissance politique des pays voisins, ne doivent pas être envisagées au même point de vue.**

§ **II. — Pourquoi la politique intérieure et la politique extérieure ne reposent pas sur les mêmes règles.**

§ I.

On dit que nos intérêts et notre puissance sont intacts, et qu'il faut réagir contre des impressions qui ne procèdent pas de la justice. On demande en quoi nous sommes lésés si l'Allemagne et la Prusse deviennent plus unies, en quoi nous sommes amoindris si elles deviennent plus fortes. Nos affaires sont-elles moins prospères si d'autres nations grandissent? Faut-il imiter ces particuliers envieux qui ne voient qu'avec colère leurs voisins s'enrichir? La réussite des uns n'est-elle pas, au contraire, favorable aux autres? Et d'ailleurs, les tendances libérales de l'Allemagne ne doivent-elles pas modifier notre ancienne politique?

Ces opinions reposent sur deux erreurs fondamentales qui consistent, d'une part, à ne pas distinguer entre la prospérité intérieure d'un État et sa puissance politique; d'autre part, à assujettir aux mêmes règles la politique intérieure et la politique extérieure.

Non, il ne faut pas porter envie à la prospérité des pays voisins; oui, leur prospérité exerce la plus heureuse influence sur la nôtre. Mais, autre chose est la prospérité intérieure à laquelle s'appliquent ces belles lois de l'économie politique et sociale que les modernes ont formulées, autre chose est la puissance politique. Celle-ci s'exerce au dehors, dans un but d'influence, de prééminence et même de commandement. Chaque nation tend à faire prévaloir, chez les nations voisines, ses opinions, ses principes et surtout ses intérêts. Mais la puissance politique d'un État trouve en face d'elle la puissance politique des autres États qui ont les mêmes intérêts à faire prévaloir, car tous les peuples sont jaloux de leur grandeur. Les plus forts exercent, à défaut d'attraction, une pression irrésistible sur les plus faibles; et sans que la guerre intervienne, la prépondérance des premiers agit de tout l'ascendant de leur puissance sur la destinée des seconds. C'est un antagonisme continuel, fatal, aussi vieux que le monde, et dont le terme final est toujours l'agrandissement de l'un, l'affaiblissement, le démembrement et la conquête de l'autre. Il s'ensuit que tout accroissement de force d'un État répond à une diminution de force chez un autre; ce que l'un gagne, l'autre le perd. S'il surgit en Europe une nouvelle grande puissance, c'est que d'autres puissances auront été amoindries ou auront disparu. Les forces politiques sont des forces inégalement réparties entre nations qui ne sont pas susceptibles d'augmenter d'une manière absolue mais seulement d'une manière relative.

Si donc la prospérité intérieure d'un pays peut augmenter indéfiniment, sans que des voisins soient autorisés à s'y opposer; si elle est indépendante de sa nature, et en quelque sorte de droit naturel, sa puissance politique, au contraire, est essentiellement limitée, solidaire, dépendante. Elle ne saurait accroître sans porter préjudice à d'autres États. Aussi les nations européennes ont-elles recherché avec antera les moyens de s'opposer aux envahissements d'un voisin ambitieux, et, pour y atteindre, elles n'ont rien imaginé de mieux que de faire prévaloir ces principes de pondération de forces, d'équilibre, qui ont pour but de limiter chaque État dans sa puissance et dans son action.

A ces traits généraux, l'on reconnaît que les lois de l'équilibre économique n'ont rien de commun avec celles de l'équilibre politique. Les intérêts économiques des nations sont identiques, leurs intérêts politiques sont opposés. L'Angleterre a précédé les autres peuples dans la grande carrière de l'industrie et du commerce; elle en a retiré renommée et richesses. Mais les autres nations en ont profité à leur tour; leur foyer de travail s'est en quelque sorte allumé au grand foyer de l'Angleterre. Rien n'empêche, qu'animées d'une émulation féconde, elles ne prospèrent simultanément. En matière politique, tout change: l'émulation devient l'antagonisme; le succès de l'un est lié à la défaite de l'autre. La doctrine qui consiste à soutenir que les nations grandissent ou disparaissent indépendamment les unes des autres, ou qu'elles peuvent donner librement carrière à leur ambition, est donc aussi fausse que dangereuse.

Et, en effet, l'histoire dément cette doctrine, absolument. A-t-il été indifférent à la Grèce libre de voir l'État macédonien s'agrandir? Ne s'est-il pas agrandi aux dépens de la Grèce et par son asservissement? On sait que l'empire romain s'est formé des dépouilles du monde entier. Après Charlemagne tout se localise et s'isole; mais dès la formation des grandes monarchies, au seizième siècle, la lutte d'État à État recommence, et elle s'est prolongée jusqu'à nos jours : les uns grandissent, les autres diminuent, mais toujours concurremment les uns aux autres. Le déclin de l'Espagne est contemporain de la suprématie de la France, le déclin de la Pologne est contemporain de la grandeur de

la Russie, le déclin de l'Autriche correspond à l'âge d'or de
la Prusse ; tout ce que la Prusse a gagné par ses récentes
conquêtes a été perdu pour d'autres puissances.

§ II.

Les États sont de grandes individualités dont les conditions d'existence et de grandeur sont liées à des causes permanentes et fixes. Aussi la plupart des États ont-ils une
politique traditionnelle, qui est l'expression des besoins et
des tendances invincibles du pays. Les plus anciennes sont
les plus sûres. Toute différente est la politique intérieure.
Celle-ci règle les rapports des citoyens avec le gouvernement et la forme de la constitution politique ; elle prend sa
source dans les droits et les devoirs des citoyens ; elle se
modifie selon les temps et les circonstances, et en raison du
développement de la civilisation. Bien plus, des formes
politiques immuables ne seraient que l'indice de la routine
et de l'immobilité. Mais, vis-à-vis de l'étranger, l'État,
quelle que soit son organisation intérieure, en quelque en-
droit que pose son centre de gravité, reste une individualité,
toujours la même dans son ensemble, et dont les tendances
demeurent invariables, parce qu'elles sont dominées par des
intérêts invariables.

Si la politique extérieure d'un État est indépendante de
son organisation intérieure, elle est encore bien plus indépendante de l'organisation des autres États. Et, en effet,
qu'importe-t-il aux vues, aux intérêts d'un pays, qu'un autre
pays se soit constitué en monarchie, en république ou en
aristocratie? Ces formes diverses de l'organisation des
sociétés répondent à des besoins différents et s'offrent au
libre choix des nations. La France n'a-t-elle pas usé large-

ment de cette faculté? N'est-ce pas attenter moralement au droit d'un peuple que de protester contre sa constitution intérieure? Et ne serait-il pas ridicule que l'amour platonique d'un système décidât du choix de nos alliances, en dépit de nos intérêts?

III

Pourquoi l'accroissement de puissance d'un État est dangereux pour les États voisins.

Pourquoi l'accroissement de puissance d'un État est-il toujours un danger pour les États voisins, tandis que l'accroissement de sa prospérité intérieure est, au contraire, féconde en bienfaits pour tous? C'est que la prospérité intérieure a son soutien dans le droit, et la puissance politique a le sien dans la force. Les individus de tous les pays sont liés entre eux par des obligations qui ont leur garantie dans la loi, et cette loi impose contrainte au nom du droit. Les obligations internationales n'ont pas cette garantie; aucun tribunal ne peut les sanctionner. Voyez, dans les relations privées, deux citoyens s'acharner l'un contre l'autre dans un procès; si la justice ne met d'office fin à leurs différends, leurs querelles seront interminables, ou plutôt elles n'aboutiront qu'à la violence. Le même acharnement se produit entre États; mais comme aucun tribunal ne peut imposer sa décision, c'est la guerre qui est appelée à vider la querelle. Vainement objecte-t-on que les droits de l'humanité et de la justice sont sacrés ! Il n'en est rien dans les plus solennelles occasions. C'est la force qui tient le balancier politique des États, et si les relations privées reposent sur le droit, les relations internationales reposent sur la force.

Les hommes se sont réunis en société pour la garantie et la défense de leurs intérêts. Dans ce but, ils ont fait des lois et établi des sanctions à ces lois. Quand un État est bien ordonné, le faible est protégé contre le fort; une protection efficace s'étend sur tous les citoyens. Dès lors, une force propre à chacun d'eux n'est pas nécessaire, et son emploi, qui constituerait chaque associé juge et partie dans sa cause, étant inutile, serait illégitime. — Dans le monde ancien, cette protection était presque nulle dans la famille : celle-ci vivait sous l'esclavage du père. Aujourd'hui tous les membres de la famille sont libres, sauf la soumission qui dérive des liens de la nature et qui est définie par la loi. Considéré comme citoyen, l'homme est protégé contre l'entreprise du plus fort; la protection de l'association est également efficace. Les Athéniens, qui n'avaient pu l'organiser complétement, avaient imaginé, pour ne pas être asservis dans la cité, un expédient singulier qui consistait à bannir d'Athènes les citoyens que leurs richesses, leur influence et même leurs vertus, pouvaient rendre dangereux à la liberté des autres citoyens. C'était l'ostracisme.

Supposons maintenant que ces lois protectrices n'existent point, que l'association humaine ait été impuissante à les établir ou à les faire respecter; alors il n'y a plus de droit, il n'y a plus de garantie, chacun retombe dans son isolement et dans la nécessité de pourvoir à sa propre défense. C'est ce qui arriva au moyen âge : l'État ayant perdu toute autorité, chacun dut se fortifier dans sa demeure pour échapper aux violences d'autrui.

Si nous passons aux relations internationales, nous trouvons bien les éléments d'un droit, mais sa sanction où est-elle? Quel recours a un État faible contre un État fort? Quel est le dernier mot dans les débats entre nations? La guerre.

Ainsi, l'association humaine a eu pour résultat de sauve-garder les droit individuels; elle n'a pas encore acquis la vertu de garantir les droits des grandes unités établies sous le nom d'États; leur indépendance ne repose que sur leur force.

Les intérêts particuliers et les intérêts politiques ne sau-raient donc être envisagés sous le même aspect; la justice privée et la justice internationale se fondent sur des prin-cipes différents. Or, si l'on considère que le bon accord entre nations peut être troublé par des circonstances nom-breuses et même fortuites, et que les dissentions des peuples ne s'éteignent, en général, que par la force, on comprend que tout accroissement de puissance d'un grand État est un affaiblissement et un danger pour les autres.

———

IV

**Les relations internationales reposent aujourd'hui
sur les mêmes bases que dans le passé.**

Mais on dit : Ce sont là les vieux principes. Autrefois, il est vrai, la force régnait en souveraine dans le monde; mais aujourd'hui le droit de la guerre n'est plus un droit; la diffusion des lumières, la marche de l'humanité vers le progrès, règlent sur d'autres bases les relations internationales ; les mêmes ambitions barbares n'agitent plus le monde.

Les faits contemporains donnent le plus complet démenti à ces belles théories. Nous voyons, sous des formes différentes, les mêmes ambitions et les mêmes convoitises se faire jour. La spoliation du Danemark, en face de l'Europe ébahie, mais impassible, ne le cède en violence et en iniquité à aucune conquête ancienne ou moderne. Pendant quelques moments, courts mais décisifs, la force règne sans partage et dans toute sa violence. Un seul État s'intéresse-t-il à la bonne cause, quand son intérêt n'est pas en jeu ? Et dès lors, un État est-il en sûreté contre un voisin ambitieux, s'il n'est protégé par un demi-million de baïonnettes ?

Les mœurs se sont adoucies : on ne fait plus la guerre pour verser le sang ou se donner le plaisir farouche d'enchaîner son ennemi ; mais on fait la guerre pour des intérêts, par bonne ou par mauvaise politique, par passion, par des motifs enfin qui existent de nos jours comme ils existaient dans les siècles passés, car le cœur et les instincts de l'homme n'ont pas changé. Et la conséquence de ces guerres est l'agrandissement d'un État par l'absorption d'un autre dans son sein.

Les entreprises d'un pays voisin, fort et ambitieux, sont à craindre dans beaucoup d'occasions, quelle que soit la forme de son organisation intérieure, qu'elle soit despotique ou constitutionnelle, que l'État obéisse aux inspirations d'un seul homme ou à la volonté de tout le peuple. Chez le prince, animé tour à tour du souci de sa gloire ou de celui de la prospérité du pays, les combinaisons politiques peuvent varier comme le cours de ses méditations. La politique extérieure de presque tous les États de l'Europe est concentrée constitutionnellement dans les mains du monarque. Les princes disposent donc de la paix et de la guerre. Que dans les

temps actuels, ils ne puissent continuer longtemps à prati-
quer une politique extérieure qui serait injuste ou violente,
c'est probable ; mais enfin, l'autorité qu'ils ont est suffisante
pour leur permettre de porter la guerre chez les nations voisines, et ce point admis suffit à notre sujet.

Les peuples ne sont pas toujours plus modérés que les
princes. Comme eux, ils s'animent parfois de passions in-
justes ; ils croient volontiers que le droit est là où sont leurs
intérêts et leurs passions. Les animosités nationales ne sont
pas plus rares que les rancunes particulières. L'Allemagne
ne s'est-elle pas ruée avec férocité, mais avec une entière
sûreté de conscience et au nom du patriotisme allemand
offensé, sur cet infortuné Danemark? N'opprime-t-elle pas
avec la même sûreté de conscience la Pologne? et naguère
encore que faisait-elle de l'Italie? Se demande-t-elle où est
le droit quand son intérêt est en jeu? N'admet-elle pas que
lorsqu'elle a prononcé le grand mot de patrie allemande, tout
le reste de la terre doit rentrer dans le néant?

Et puis, ce n'est pas toujours la volonté mobile du prince
ou l'exagération d'un sentiment honnête qui arme les peuples
les uns contre les autres. Des faits isolés, accidentels,
peuvent faire naître la guerre subitement. Les Anglais sont
devenus bien placides, et cependant ils n'auraient pas hésité,
il y a quelques années, à faire la guerre à l'Amérique, au
sujet de la capture des passagers du *Trent*, si ces passagers
n'avaient pas été rendus à la liberté. Aujourd'hui, ils vont
faire la guerre en Abyssinie pour la délivrance d'un prison-
nier.

Que j'examine cette question de paix et de guerre dans
ses causes ou dans les faits, je trouve qu'elle survit, dans le
cours des âges, à toutes les vicissitudes des sociétés, et
qu'elle se présente toujours sous les mêmes traits.

Il y a donc quelque naïveté à célébrer obstinément, et

contre l'évidence, l'avénement de la paix perpétuelle, et de prêcher cet âge d'or que les poètes chantaient déjà au temps d'Auguste, mais dont le genre humain n'a jamais joui.

V

Nouvelle preuve ajoutée à celles qui précèdent : état de la société.

Supposez qu'un habitant d'un monde étranger au nôtre, et où règne, si l'on veut, la paix universelle, vienne, comme un autre Anacharsis ou un prince du Japon, sur notre terre, pour y étudier les institutions de nos temps modernes. Il trouverait d'abord, dans chaque État, un assortiment complet de lois et de principes destinés à régler tous les genres de conflit ; il trouverait un corps d'hommes de loi, savamment organisé, hiérarchisé, préposé à tous les cas, juge dans toutes les questions litigieuses et pour tous les faits punissables. Et comme des juges, le Code à la main, peuvent encore se tromper, d'autres juges placés au-dessus d'eux sont là, les uns pour examiner à nouveau les faits, les autres pour interroger à nouveau le sens de la loi, d'autres même pour s'assurer que l'ordre de compétence des juges a été strictement observé. Quand, enfin, la justice a dit son dernier mot, tout s'incline devant ses arrêts : les huissiers, les gendarmes, la force publique lui prêtent leur appui ; au nom de la loi, tous les citoyens doivent obéissance ; ils sont tenus de parler sous la foi du serment, ils sont tenus d'ouvrir les portes de leurs demeures à toutes les perquisitions, ils sont tenus de livrer leurs papiers les plus secrets. Après le juge qui prononce, vient l'exécution de la sentence, et de vastes prisons, disséminées sur toute l'étendue du pays, convient les récalcitrants au repentir et au respect des lois.

Mais la société ne se sent pas encore suffisamment garantie par ces mesures. Quelque coupable peut avoir trouvé asile au delà des frontières. On a donc imaginé des traités d'État à État, qui, sous le nom de conventions internationales d'extradition, permettent à la justice d'aller saisir, partout où il se trouve, le citoyen appelé à sa barre et qui aurait eu la prétention de s'y soustraire.

Si, après cela, on ne réussit pas à administrer la justice, il faut gémir sur la faiblesse humaine. Mais l'étranger qui verrait les merveilles d'une pareille organisation, s'il ne les admirait pas, ne pourrait du moins s'empêcher de convenir que les Etats qu'il a visités sont des États bien gardés à l'intérieur, et que si les méchants n'y sont pas étouffés sur l'heure, ils ne sont certainement pas à craindre pour la sécurité publique.

L'étranger suffisamment instruit sur ce point, tourne ses investigations du côté des relations internationales des peuples. Il demande où sont, sur ces graves sujets, les codes qui les régissent et les sanctions qui les garantissent. On lui dit qu'il n'existe ni codes précis ni juges autorisés en pareilles matières; on lui montre pourtant les nombreuses œuvres spéculatives publiées sur ces questions, depuis Aristote, gouverneur d'Alexandre, jusqu'à M. Em. de Girardin, rédacteur de la *Liberté*. L'étranger ne daignera pas prendre connaissance de ces compilations, car les principes les plus certains privés de sanction, sont sans action sur les hommes : on les observe ou on les brave suivant les cir-

constances; on les élude si on est faible, on les viole ouver-
vertement si on est fort.

Chemin faisant, dans ce monde nouveau, l'étranger trouve
bientôt lui-même l'explication de cet état de choses. Et, en
effet, coup sur coup, il fait la rencontre d'hommes armés
jusqu'aux dents. Il en rencontre partout, tantôt répartis
dans les villes et les campagnes, tantôt réunis en grandes
masses, dans de vastes enceintes qu'on appelle camps de
manœuvres, et par ironie gauloise, camps de plaisance, et
où leur unique occupation consiste à s'exercer dans l'art de
perfectionner les moyens de destruction. Les gouvernements entretiennent cette émulation par des faveurs, des
dignités et des récompenses nationales. Les princes et les
rois se flattent d'être les premiers dans cet ordre de tra-
vaux. — L'étranger verra ensuite des villes entourées d'ou-
vrages formidables destinés à les protéger; dans l'intérieur
de ces villes, des magasins immenses affectés à la fabrica-
tion des engins de destruction; des enseignements publics,
de vastes colléges organisés pour rendre une jeunesse
d'élite experte dans l'art de détruire; les chevaux du pays
tenus en réserve pour cette même destination; la mer sil-
lonnée de vaisseaux armés et ferrés; le plus gros des revenus de l'État employé à alimenter et à multiplier ces forces;
tous les hommes valides mis en réquisition pour assurer la
sûreté du pays; les gardes veillant jour et nuit sur les frontières; tout enfin organisé pour régner au dehors par la
force.

Ce spectacle instruira mieux l'étranger que le Codex in-
ternational. Il verra qu'évidemment, dans ces pays, les
relations des hommes dans le même État, et les relations
des États entre eux ne reposent pas sur les mêmes bases.
Là, des lois, des principes, des magistrats; ici, le seul code
admis, est la théorie militaire, les principes sont les gros

bataillons, les magistrats sont les soldats. D'un côté règne la justice, de l'autre la violence. La seule manière connue de vider les différends entre États, est la guerre. Dans ces pays, dira l'étranger, on n'est pas près de toucher à la paix universelle ; et en passant par Genève, il ne sera pas étonné d'y rencontrer tant d'utopistes.

———

VI

Les forces des peuples ont les mêmes bases que dans le passé. — Les forces agressives des États sont devenues immenses. — Nécessité de conserver de grandes armées.

D'autres objections se produisent : la puissance politique, dit-on, ne s'appuie plus, comme autrefois, sur les armées ; si une nation comme la France se décide à la guerre, elle trouve dans l'ensemble de ses forces une protection suffisante ; les armées permanentes ne valent pas ce qu'elles coûtent, un succès éphémère obtenu par elles ne compense pas la longue suite de sacrifices que leur entretien impose ; les procédés de guerre sont complétement changés, et notre système vieilli demande des modifications en rapport avec nos progrès modernes.

Ces objections sont réfutées par l'expérience. Un fait constant est que les moyens de guerre se sont développés avec la civilisation même. La guerre a pris un caractère de grandeur qu'elle n'avait jamais eu ; nos progrès mêmes nous imposent de plus grands sacrifices, et les nations modernes ne peuvent rester grandes et prospères qu'à la condition d'être puissantes par les armes.

Toutes les forces d'un pays concourent à augmenter ses moyens agressifs ; à la force matérielle se joignent la richesse et la science, et leur réunion, cimentée par le patriotisme, donne le maximum d'effort. Les conquêtes de la science ont considérablement augmenté la puissance des nations. En domptant les forces de la nature, le génie de l'homme se les est appropriées, et les nations, jalouses de leur indépendance, s'en sont servies aussitôt pour protéger leur sécurité et leur grandeur. Les anciens n'ont pas su, au même degré que les modernes, faire concourir les arts de la paix au service de leur protection : ils se reposaient, pour la défense de leurs foyers, sur leur énergie et leur courage. Aussi les nations anciennes restaient-elles libres tant qu'elles restaient énergiques et braves ; mais quand, plus tard, les arts de la paix vinrent amollir leur courage, elles se trouvèrent sans défense devant les nations barbares qui avaient conservé toute leur énergie primitive. C'est des anciens que Guibert a pu dire : « L'art militaire précéda chez « tous les peuples les arts et les sciences, et y périt, à « mesure que celles-ci s'étendirent. »

Notre société, plus prévoyante et moins imparfaite que la société ancienne, puise sa force dans trois éléments : l'énergie, la science, la richesse. Le principal ressort de la puissance militaire des anciens était l'énergie ; la science et la richesse y sont venues ajouter plus tard ; et quand ces trois éléments se sont trouvés combinés dans la plus heureuse mesure, les États de l'antiquité se sont épanouis dans toute leur splendeur. C'est l'ère d'Alexandre le Grand en Grèce ; chez les Romains, c'est celle qui s'étend des guerres puniques aux approches de l'empire. Plus tard, la science

et la richesse se développent encore, mais les forces qu'elles
ajoutent aux armées romaines, ne compensent pas la
perte des mâles vertus des anciennes légions. Ces vertus
ont une telle prééminence, que partout où les peuples en
sont animés, leur indépendance est garantie. A une époque
moins éloignée de nous, une poignée de Suisses ou de
Bataves se débattent contre un grand empire, et savent
assurer leur délivrance par leur indomptable énergie.
Dans les temps actuels, le courage occupe encore, dans
l'échelle des forces, la place d'honneur ; mais seul il est im-
puissant, et un peuple qui n'appuierait son droit que sur sa
vaillance, se débattrait vainement contre un puissant voisin.
La destinée douloureuse de la Pologne et du Dannemark
le montre assez. Les nations modernes ont combiné ces
trois éléments, force, science et richesse, de la manière la
plus intime, et l'expédition de Crimée est un exemple mé-
morable des résultats de cette association. L'infériorité
sur un seul point peut offrir les plus grands dangers ; et ce
qu'il y a de particulièrement grave, c'est qu'à aucune époque
la chute n'a suivi de plus près la faiblesse et n'a été aussi irré-
médiable, Et, en effet, les forces prodigieuses des nations
s'accumulent, avec la rapidité de la vapeur, et se portent
en masses foudroyantes sur un point donné. En un moment, un peuple est vaincu et annexé. Les théoriciens
protestent contre ces façons ; les apologistes du succès
viennent à leur tour, et la cause du vainqueur est
gagnée.

L'armée se rattache donc, par ses éléments nécessaires,
à toutes les forces vives du pays ; elle en acquiert un cara-
tère plus respectable et plus élevé. Dans les derniers siècles,
les peuples avaient limité leurs moyens agressifs : une partie
seulement de la population était sacrifiée au dieu de la guerre,
et ce n'était pas la plus recommandable ; on faisait la part du

feu, on lui donnait son aliment. Aujourd'hui, toutes les forces de l'État sont intimement unies pour en assurer la sécurité. L'indépendance des nations n'est garantie qu'à la condition qu'elles trouvent, au moment du péril, tous leurs moyens unis et concentrés. De nouveaux et plus puissants engins de guerre ont été inventés; il faut être savant pour les perfectionner, riche pour les payer, énergique pour les mettre en œuvre et pour supporter les rudes épreuves de la guerre. Il faut tout cela, et au degré le plus élevé, sous peine de perdre son rang de grand État.

Il est dur de reconnaître, au moment où la philanthropie voudrait rejeter à tout jamais la guerre de nos mœurs, que jamais elle n'a été faite avec autant de puissance, que jamais elle n'a exigé autant d'efforts et de sacrifices. Il en est de la guerre comme des maladies : les médecins ont perfectionné leur art, mais les maladies n'ont pas diminué, seulement les médecins coûtent plus cher.

Heureusement tout n'est pas perdu dans ces sacrifices. La guerre produit quelquefois de nobles résultats, et l'on comprend tout ce que les efforts virils d'un peuple, qui s'exerce dans toutes les directions, peuvent produire de grand et de fécond. L'assertion de Guibert n'est donc plus vraie de nos jours.

En attendant, tous les grands États tendent à la solution du vaste problème. Ils jettent dans les préparatifs de guerre leurs richesses; ils engagent l'avenir des générations futures. A leurs efforts, on reconnaît leurs forces relatives, et il se tient comme une sorte de compte et de bourse de la puissance des États. La concurrence est ardente, et rester en arriere sur un seul des points qui constituent notre puissance militaire serait déchoir aussitôt. Comme des joueurs d'échecs d'égale force, aucun ne peut rendre à son adversaire le moindre pion.

Que faut-il donc penser de ces théories qui tendent à supprimer ou à limiter plus étroitement l'armée? N'est-ce pas vouloir substituer à l'ensemble de nos moyens des moyens restreints? L'armée est le noyau de nos forces; la diminuer en France, au moment où on l'augmente dans toute l'Europe, ne serait-ce pas s'affaiblir dangereusement? Les forces des États sont essentiellement relatives, et comme leur organisation est également perfectionnée dans tous les grands États, il s'ensuit que la question de nombre est devenue de première importance et comme la mesure des moyens. C'est pour ce motif que l'Empereur a dit avec raison que la puissance d'une nation est en rapport avec le nombre de soldats qu'elle peut mettre sous les armes.

A cette question de nombre, déterminée essentiellement par l'étendue du territoire, vient se joindre celle des frontières. Un particulier est-il en sécurité dans ses domaines, s'il reste des portes ouvertes à sa maison qu'il ne puisse fermer, et par où les étrangers puissent pénétrer tout à l'aise? La France ressentirait-elle ces inquiétudes patriotiques, et se préoccuperait-elle tant des agrandissements de la Prusse, si son armée pouvait border la ligne du Rhin et couvrir le pays? Est-ce une question de sécurité ou de chauvinisme? Mais je reviendrai sur ce point capital des frontières de la France.

VII

Rôle des grands États. — Décadence rapide des États qui perdent leur ascendant politique. — Raison d'être des petits États.

Aucun grand État ne conserve son rang, s'il est primé directement par un État voisin. Perdre son rang de puissance de premier ordre, c'est abdiquer. En effet, les grands États remplissent un rôle éminent dans le monde; ils marchent à la tête de l'humanité. La civilisation moderne ne prend son plein développement que chez les nations puissantes. Elles sont l'expression des grandeurs de ce monde. Les hautes conceptions y trouvent leur application sur une vaste échelle; l'âme du citoyen s'y élève à la hauteur de la fortune du pays. Les grands États apportent la plus large part à l'œuvre de la civilisation. Les petits vivent d'une vie empruntée, à l'ombre de ces foyers lumineux. Les nations puissantes sont seules assez riches et assez fortes, soit pour réunir ou faire éclore dans un centre commun les merveilleux fruits de l'intelligence et des arts, soit pour faire respecter au loin les droits de l'humanité. S'il n'y avait pas de grands États, un spectacle comme celui de l'Exposition de 1867 pourrait-il se produire? Car on n'imagine pas qu'un petit État ait une capitale comme Paris, ni qu'une petite ville puisse devenir un lieu de concours pour toute la terre. D'un autre côté, voilà dans les déserts de l'Afrique un roi barbare qui enchaîne ignominieusement des sujets anglais.

Imagine-t-on qu'un petit prince serait en mesure d'aller châtier ce roi, comme vont le faire les Anglais?

Une grande nation doit donc chercher, avant tout, à conserver son rang d'honneur. A-t-on jamais traité d'utopie la politique de François Ier, de Henri IV, de Louis XIV? La France n'a-t-elle pas répandu son or et son sang pour se placer au premier rang parmi les nations? et les efforts que l'ancienne monarchie a faits dans ce but ne constituent-ils pas son plus beau titre de gloire? En cherchant l'abaissement des deux branches de la maison d'Autriche, la royauté poursuivait une œuvre nationale qu'elle couronna par les traités de Vervins, de Westphalie et des Pyrénées.

Aujourd'hui, pourrions-nous laisser passer le sceptre de l'empire germanique à la Prusse? Un pareil résultat serait aussi contraire à nos intérêts qu'à nos traditions; car toujours la décadence intérieure suit de près la décadence politique. Tout se tient dans les sociétés; tout s'élève ou se dégrade en même temps. Les peuples qui n'ont pas pu soutenir leur prestige politique, ont perdu graduellement leur prospérité intérieure. C'est un fait prouvé par l'histoire. Les nations qui déclinent ne s'arrêtent plus dans leur funeste marche : comme ces blocs de granit qui roulent dans l'abîme, leur chute ne subit pas de temps d'arrêt. La Pologne, l'Espagne, la Turquie, ont été tour à tour fameuses par leurs exploits et par leurs désastres; mais leurs désastres ont amené leur déclin politique, et leur déclin politique a été suivi de la perte de leur prospérité intérieure.

Un petit État dont toutes les parties n'ont jamais eu que des proportions en rapport avec son étendue, n'est pas placé dans les conditions défavorables d'un grand État démembré; rien n'empêche qu'il ne dure et ne prospère. Mais un empire amoindri a perdu ses vraies proportions et ses conditions de force : il est exactement comparable à un grand édifice d'une architecture d'ensemble bien ordonnée, mais qu'un tremblement de terre aurait en partie ruiné.

On a pris la défense des petits États. On a dit que les principes que j'invoque ont pour résultat de les étouffer, de les empêcher de grandir, et on a comparé cette conduite des grandes puissances à leur égard à l'opposition jalouse qui peut naître entre particuliers.

J'ai déjà fait remarquer en quoi ce raisonnement, qui consiste à appliquer aux choses de l'ordre politique les règles des relations privées, était spécieux. Il s'agit ici d'un même genre d'erreur. Dans l'ordre des intérêts économiques, il ne saurait y avoir antagonisme entre États. La richesse de chaque nation, comme celle de chaque particulier, est le fruit de son labeur; elle est indépendante de tout contrôle étranger. En matière politique, cette thèse n'est pas soutenable, puisqu'un État ne grandit qu'aux dépens d'un autre.

Les fortunes politiques sont diverses comme les fortunes particulières. Cette diversité même est nécessaire à la vie des peuples. On ne concevrait pas que tous les particuliers fussent riches, ni que tous les États fussent également puissants. Il n'est pas possible de remonter jusqu'au déluge, pour faire des parts égales ou bien proportionnées. En puissance comme en fortune privée, chacun est autorisé à garder ce qu'il a et à défendre son bien. Un État doit-il relever la puissance d'un État voisin qui se croit trop faible? et s'il ne peut la relever qu'au détriment de la sienne, y est-il encore obligé? N'est-il pas autorisé, au contraire, à faire tenir à sa place un voisin mécontent? Les petites nations ont d'ailleurs un rôle utile à remplir; et si, à une ambition modeste elles joignent un gouvernement sage, leur destinée. comparée à celle des grands empires, n'est pas plus mauvaise que celle des petites fortunes privées comparées aux grandes.

Deux puissances voisines, jalouses de leur prestige, susceptibles dans leurs relations, ayant des intérêts considérables à sauvegarder, en viennent facilement anx mains, et l'incendie qu'allume leur querelle peut embraser le monde. Les petits États ont des intérêts extérieurs moins nombreux, des causes de conflit plus rares que leurs puissants voisins; ils sont moins exigeants que les forts, et en retour, ceux-ci sont moins ombrageux à leur égard qu'envers des égaux. Interposés entre les grandes monarchies, ils préviennent les querelles, diminuent les occasions de guerre, et par là ils rendent à l'humanité les plus éminents services. Ils sont exempts des charges si lourdes qui pèsent sur les empires. Il est vrai qu'ils peuvent être asservis; mais le plus souvent ils surnagent dans les luttes qui éclatent entre les grandes puissances, et l'on voit en Europe beaucoup de petites monarchies dont l'existence remonte à un long passé.

VIII

Un Etat peut-il revendiquer ses droits légitimes par la guerre?

Cette question, dans la plupart des cas, peut se réduire à ces termes : Les peuples sont-ils tenus de respecter en toutes circonstances les traités de paix qu'ils ont souscrits ?

La puissance politique s'appuie sur un droit plus contestable et moins pur que le droit privé : celui-ci repose sur la raison, celui-là sur la guerre. Or, la guerre est l'œuvre de la force, qui commence par des violences sanglantes qui sont les batailles, et finit par des violences diplomatiques qui sont les traités de paix. Dans ces conventions, il y a un vainqueur et un vaincu : l'un impose le contrat, l'autre le subit. On y chercherait vainement, comme dans les contrats ordinaires, la volonté libre et réciproque des parties contractantes. Un traité de paix est un acte qui dérive de la force ; mais la force qui s'impose prend avec le temps, dans le langage des hommes, le nom de droit. C'est dans ce sens qu'on peut dire avec Rousseau : « Tant qu'un « peuple est contraint d'obéir, et qu'il obéit, il fait bien|; « sitôt qu'il peut secouer le joug, et qu'il le secoue, il « fait encore mieux; car, recouvrant la liberté par le « même droit qui la lui a ravie, ou il est fondé à la re- « prendre, ou on ne l'était pas à la lui ravir. »

Les hommes admettent toutefois que le temps apporte une sorte de sanction à l'œuvre de la force, et qn'il s'établit en faveur des attentats de la violence, et dans un intérêt d'ordre et de stabilité, une sorte de prescription. Mais vouloir faire découler de cette source un principe sacré de sujétion, jamais l'usurpateur ou le conquérant ne l'obtiendra de la conscience des peuples! Jamais l'histoire ne flétrira les nations qui, bravant la légalité, sauront briser leurs chaînes! Le droit de faire la guerre, de rompre un traité, ne se juge pas au tribunal du vainqueur, mais au tribunal de la conscience. Le droit légal est que la Prusse possède le Sleswig, la Russie, la Pologne; mais le droit légitime est-il du côté du vainqueur ou du vaincu? Et si le vaincu brise ses chaînes, le monde n'applaudira-t-il pas?

Une nation asservie par l'étranger est donc en droit de

secouer le joug. Mais celles qui ont conservé un gouvernement national sont liées avec les nations voisines par des
traités qui peuvent être justes, comme ils peuvent être iniques. Provoquer la guerre dans le premier cas est un acte
d'ambition que condamnent à la fois la légalité et la justice ;
la dénoncer dans le second peut devenir un acte nécessaire
et légitime, bien qu'illégal. Toutefois, les États se refusent
à violer ouvertement les formes et la légalité ; ils s'efforcent de se mettre en règle avec la diplomatie, qui s'appuie
sur les textes écrits. Par suite, la cause réelle, et tacitement
reconnue, de la guerre, se voile toujours sous un prétexte
légal, et il serait peut-être impossible de trouver dans les
archives de la diplomatie une seule déclaration de guerre
qui en ait donné le motif réel. Mais la forme n'infirme pas le
fond. « Entre les sociétés, dit Montesquieu, le droit de dé-
« fense naturelle implique quelquefois la nécessité d'atta-
« quer, lorsqu'un peuple voit qu'une plus longue paix en
« mettrait un autre en état de le détruire, et que l'attaque
« est dans ce moment le seul moyen d'empêcher cette des-
« truction. »

SECONDE PARTIE

———

I

**Rôle historique de la France. — Ses frontières.
Situation créée par les traités de 1815.**

La France est la plus ancienne des grandes nations du continent. Elle a pris part aux principaux événements qui ont agité le monde depuis la chute de l'empire romain. A l'époque des croisades, elle formait déjà une nation puissante, et c'est sous sa bannière que la chrétienté se rangea dans sa lutte contre l'Orient. Aucun autre peuple n'est parvenu à former une nationalité aussi compacte et aussi forte. Au dix-septième siècle, sa langue était parvenue à son apogée, et la France régna sur l'Europe par les lettres ; au dix-huitième siècle, elle régna par les idées. A la fin de ce siècle, une immense révolution politique et sociale éclate dans son sein. Cette révolution est entachée d'erreurs et de sang, mais elle est le plus fécond mouvement qui ait agité l'esprit humain depuis l'établissement du christianisme. Il tient en germe les principes sur lesquels se fondent les sociétés modernes : la liberté, l'égalité civile, l'affranchissement de l'homme et de l'esprit. Dans ce travail de régénération, un autre Alexandre apparaît, et la grande révolution se propage dans le monde par les armes. Puis, quand l'œuvre est suffisamment avancée, la main de Dieu abandonne le conquérant, et la France tombe au pouvoir d'ennemis acharnés. De la pointe de leurs épées, les vainqueurs tracent les frontières de la France : ce sont ses frontières actuelles.

Il s'agit de savoir si la part que l'Europe nous a faite est suffisante, et si nous devons nous en contenter. Cet examen doit avoir lieu au triple point de vue des traditions historiques de la France, de sa grandeur et de sa sécurité.

Quand la France revendique ses droits légitimes, non–seulement l'Europe entière, saisie d'envie, proteste et menace, mais beaucoup de ses propres enfants, oubliant les grandes leçons de l'histoire, méconnaissent ses intérêts, doutent de ses droits, et s'attiédissent dans leur zèle. On dit que c'est sans raison que nous revendiquons la frontière du Rhin; que rien ne marque que le Rhin soit la limite naturelle de la France; qu'au contraire, les rives de ce fleuve, bordées de populations allemandes, appartiennent incontestablement à l'Allemagne ; enfin, que sa possession n'ajouterait ni à notre force ni à notre influence.

Les conquêtes du premier Empire, suivies de si funestes résultats, nous ont mis en défiance contre les agrandissements territoriaux. Nous en sommes venus à désirer, pour le bonheur de la France, qu'elle se resserre et s'abstienne de toute extension nouvelle ; mais c'est tomber dans un autre et bien grave excès, et une pareille politique serait également contraire à notre grandeur et à notre sécurité. Un État qui ne reste pas dans ses bornes naturelles court des dangers, soit par excès d'extension, soit par faiblesse. Quand il les dépasse, comme sous Charlemagne et Napoléon, il s'étend outre mesure, il sort de son cadre, il abuse de la victoire. Bientôt, ramené en arrière par des ennemis acharnés, il perd à son tour ces limites, qui ne lui avaient pas suffi. C'est l'histoire des grandes conquêtes et des grandes défaites : après Charlemagne et Napoléon viennent Charles le Chauve et Louis XVIII. Or, le cadre de la puissance de la France est dessiné par les limites naturelles des Pyrénées, des Alpes et du Rhin.

La nature ne crée pas à chaque État des frontières bien tranchées. Il est incontestable que si les frontières de la France sont nettement dessinées à l'ouest, au sud et au sud-est, par l'Océan, les Pyrénées et les Alpes, elles le sont moins du côté de l'est par le Rhin. Mais la légitimité, pour un grand État, de posséder certaines frontières, ne se mesure pas uniquement à l'importance des démarcations physiques qu'elles présentent. La France est l'héritière légitime de l'ancienne Gaule, qui avait pour limite reconnue le Rhin. Le Rhin était la limite de la Gaule et de la Germanie. Sous l'empire romain, il fut le lieu de partage du monde civilisé et du monde barbare, de la race latine et de la race germanique. Après la conquête de la Gaule par les Francs, ce fleuve reste, après Tolbiac, la limite de la race franque, gauloise, latine, et de la race germanique. Sous Charlemagne, la race franque dépasse cette frontière et déborde en Germanie. Après lui, les Francs, vaincus à Fontenay, sont refoulés au delà du Rhin. Ils perdent cette limite pour de longs siècles ; mais ils en gardent le souvenir, ils n'y renoncent point. Un grand travail d'unité nationale commence à cette époque; rois et peuples s'y consacrent : tous les efforts, toutes les luttes tendent vers le Rhin, comme vers l'épanouissement de la grandeur du pays. Tous les événements qui nous éloignent de notre but, toutes les entraves qui surgissent, sont des malheurs publics. La France est bien souvent arrêtée dans son glorieux et laborieux essor : la féodalité, la guerre contre les Anglais, la lutte contre Charles le Téméraire, et celle, encore plus redoutable, contre Charles-Quint, les guerres de religion, nous forcent d'ajourner la réalisation de nos aspirations nationales. L'œuvre, poussée avec vigueur par Henri IV, Richelieu et Mazarin, aboutit sous Louis XIV à l'effort suprême de l'ancienne monarchie : une partie de la frontière du Rhin est atteinte. La révolution d'Angleterre empêche Louis XIV de la compléter. Une nouvelle impulsion est donnée au grand travail par la République, et la politique extérieure de la Convention, exactement conforme aux traditions de l'ancienne monarchie, est couronnée définitivement par les traités de Campo-Formio et de Lunéville, qui assurent enfin à la France, après huit siècles de combats, la possession de ses antiques frontières. Pendant vingt ans nous les conservons; le principe des limites naturelles de la France est entré dans le droit public de l'Europe : on admet que pour maintenir l'échelle de proportion entre les grandes puissances, la France doit posséder la frontière du Rhin, car cette frontière est aussi nécessaire à la France actuelle qu'elle l'était à l'ancienne Gaule. En effet, l'antagonisme entre les races latine et germanique existe encore; les événements présents nous le disent assez. La France est la tête et le cœur de la race latine; l'Espagne et l'Italie en sont les satellites. Elle n'est dans ses limites et dans ses droits qu'appuyée sur le Rhin, qui est son cadre obligé :

son expansion naturelle l'y porte. Si elle le dépasse, elle pèse sur l'Allemagne; si l'Allemagne le franchit, elle pèse sur la France. Il faut donc que les deux nations s'y limitent; il faut que chacune d'elles ait ses frontières naturelles et ses garanties; il faut que leurs forces s'équilibrent. La France sans le Rhin ne serait plus la France; aussi a-t-elle pu laisser sommeiller son droit, elle n'y a jamais renoncé.

L'Europe a étrangement abusé de sa victoire en 1815. Ce que je viens de dire montre assez qu'en nous enlevant une partie du cours du Rhin, elle a porté atteinte à notre grandeur. Je vais montrer qu'elle a aussi porté atteinte à notre sécurité.

Tandis que, depuis un siècle, toutes les grandes puissances continentales se sont agrandies, et que l'Angleterre s'est emparée de toutes les colonies, la France a été confinée dans ses limites monarchiques. On a fait plus : on lui a enlevé toutes les barrières qui la protégeaient; on lui a arraché les clefs de ses frontières.

Notre frontière du Nord, telle qu'elle était constituée au dernier siècle, ouverte par les vallées de l'Escaut, de la Meuse, de la Moselle et du Rhin, dont les cours sont perpendiculaires à cette frontière, ne présente aucun obstacle naturel. C'est la route ordinaire des grandes invasions; c'est par là que, de tout temps, les hordes du Nord ont fait irruption dans le Midi. Pour remédier aux vices de cette frontière, Louis XIV créa les places de Mariembourg et de Philippeville, destinées à défendre la vallée de l'Oise; Luxembourg, destiné à protéger les pays compris entre la Meuse et la Moselle; Sarrelouis, pour protéger l'entrée de la vallée de la Marne; Landau, pour défendre la basse Alsace; Huningue, pour protéger la trouée de Béfort. Sur la rive droite, nous possédions Neuf-Brisac et Philipsbourg. Ce

système de défense était complété par l'alliance des petits
princes de la rive gauche et par celle de la Suisse. A défaut
de frontière naturelle, la France se créa une frontière artificielle, la frontière de fer de Vauban, et pour la défendre,
elle n'a cessé de répandre le plus pur de son sang. Cette
frontière a fourni les preuves de son importance. Elle per-
mit à Louis XIV de lutter à armes égales contre l'Europe,
coalisée par la ligue d'Augsbourg, et de conclure la paix de
Ryswick (1698). A l'époque de la guerre de la succession
d'Espagne, la résistance opiniâtre de Landrecies donna la
victoire de Denain à Villars, et sauva la France (1712). En
1793, Maubeuge joua le rôle que Landrecies avait joué en
1712 : cette place sauva la République de l'invasion de
l'armée du prince de Cobourg. Enfin, c'est appuyée sur les
places de notre ceinture artificielle, que l'armée républi-
caine préluda, en 1794, par la victoire de Fleurus, à la
conquête de la rive gauche.

En 1815, la coalition enlève à la France, non-seulement
ses frontières naturelles, qui lui avaient été solennellement
reconnues, mais encore la frontière de fer créée par
Louis XIV. Bien plus, elle tourne cette frontière contre
nous; elle la met entre les mains de nos plus acharnés ennemis; elle groupe ceux-ci à nos portes, elle les coalise;
et, pour combler la mesure, elle élève une seconde ligne de
forteresses communes : Mayence, Rastadt, Ulm, où s'en-
tassent les contingents des États confédérés.

Tels sont les traités de 1815 : Mariembourg et Philippeville sont donnés aux Pays-Bas, Sarrelouis à la Prusse,
Landau à la Bavière, le pays de Gex à la Suisse, la Savoie
et Nice au Piémont; Huningue est détruit pour laisser les
portes de Porentruy ouvertes. La France est internée; ses
frontières restent ouvertes, et l'avant-garde de la coalition

veille, mèche allumée, sur les bastions qui dominent notre territoire.

En dépit de tant de précautions et de haines, la France est restée grande dans le monde. Elle n'a plus employé ses armes que pour faire respecter les droits des vaincus ; elle ne s'est pas immiscée dans les querelles intérieures de l'Allemagne ; elle a, au contraire, tendu une main fraternelle à la Prusse, prête à inaugurer avec elle une ère de concorde et de paix. Mais la Prusse semble méconnaître ses obligations et nos droits ; elle paraît ne plus prendre conseil que de son ambition ; elle surexcite les prétentions de l'Allemagne qui croit volontiers qu'il n'y a qu'une grande place en Europe et que cette place lui appartient.

Les traités de Vienne ne doivent pas être aggravés contre nous. La coalition, en répartissant les petits États confédérés de l'Allemagne sur notre frontière, et en leur remettant, outre nos places fortes, une seconde ligne de places créées et entretenues à frais communs, avait un but déterminé : celui de contenir, de brider la France et de la forcer à se résigner aux traités de 1815. C'était bien assez, et la coalition n'avait pas imaginé de nous infliger des conditions plus dures. Mais les États confédérés ne sont essentiellement forts que pour la défensive ; les grands États unitaires sont seuls redoutables pour l'offensive. Or, la Prusse vient de dissoudre la Confédération, ou plutôt elle s'en est emparée, elle s'est substituée à elle ; elle a détruit tout le système de l'ancienne Confédération, tout, excepté la ligue entretenue contre la France dans les places fédérales, de sorte qu'elle a créé contre nous les dangers de voisinage d'un grand État nouveau, et a laissé subsister ceux d'un ordre de choses qu'elle a elle-même renversé. Cette conduite est une injustice, en même temps qu'une faute ; la France en a pris acte, mais jusqu'ici elle ne l'a sanctionnée à aucun degré. Et, en effet, un nouvel empire germanique créé à nos portes, ferait courir à la France, si elle restait dans ses limites actuelles, le plus grand danger qu'elle ait couru dans son histoire : elle ne tarderait pas à subir la pression de la nation germanique, et à être rejetée comme l'Espagne en dehors du mouvement européen.

L'ancien monde est travaillé aujourd'hui par une révolution générale et nouvelle qui tend à faire disparaître les derniers vestiges du morcellement créé par le régime féodal et à constituer les peuples par grandes agglomérations. La race slave et la race allemande poursuivent cette œuvre à pas de géants. La Russie, à l'orient de l'Europe, la Prusse, au centre, ont pris, à leur profit, la direction du mouvement. Dans ce travail général de reconstruction, la France, à l'autre extrémité de l'Europe, paraît rester stationnaire. Mais si l'ancienne Germanie doit se reformer, il faut, sous peine de déchoir, et pour équilibrer les forces, que l'ancienne Gaule se reforme à son tour.

L'intérêt de l'Europe, non moins que celui de la France, est d'ailleurs attaché au succès de nos justes demandes de revendication. L'Europe accuse, non sans quelque raison, la France d'agiter le monde et d'être la cause première des charges et des armements qui lui sont imposés. Mais est-il étonnant que, menacée et tenue en suspicion par l'Europe, la France multiplie ses précautions et se tienne sous les armes? Elle est une cause de trouble et d'inquiétudes à ceux qui l'ont dépouillée, par la raison qu'ils l'ont dépouillée. L'équilibre politique qu'ils ont établi n'est qu'un équilibre artificiel. « Quand la France est satisfaite, l'Europe est tranquille. » Et, en effet, supposez que la France soit rentrée dans ses antiques limites ; aussitôt l'aspect de l'Europe change ; toute cause sérieuse de conflit avec l'Allemagne disparaît, car la France n'ambitionne pas plus la rive droite qu'elle n'ambitionne l'autre versant des Pyrénées ou des Alpes. Deux races longtemps rivales éteignent leurs discordes pour suivre paisiblement le cours de leurs destinées; elles ne tardent pas à désarmer, et l'Europe jouit enfin d'un repos qu'elle avait vainement cherché en poursuivant l'abaissement de la France.

———

II

De l'organisation des forces militaires de la France.

Après avoir reconnu à quelles causes se rattachent directement la grandeur et la sécurité de la France, il faut indiquer les mesures de précaution qu'elle doit prendre pour garantir ses droits, ce qui comporte l'examen de l'organisation et du recrutement de ses forces nationales.

Il paraît inutile de s'arrêter à ces systèmes, patronnés par des esprits spéculatifs ou ardents, qui consisteraient à n'entretenir qu'un noyau d'armée, sauf à recourir en temps de guerre à des levées en masse. Aucun militaire expérimenté, aucun homme politique sensé ne défend de tels projets; aucune grande puissance ne s'est encore avisée de les essayer, bien que la tentation d'épargner tous les ans quelques centaines de millions soit bien légitime. Jamais un pareil système n'aurait été plus chimérique qu'aujourd'hui. Les forces des peuples militaires, si savamment, si fortement organisées, écraseraient inévitablement ces grandes cohues.

Je ne méconnais pas le mérite de ces élans spontanés et patriotiques d'une nation qui défend ses foyers ; mais, d'une part, l'enthousiasme ne se commande pas, on ne l'a pas à sa disposition juste quand il faudrait s'en servir ; d'autre part, il ne se lie jamais à une organisation solide. Les gardes nationales sont des forces précieuses comme appoints d'une armée, mais, comme moyens principaux, elles sont inefficaces et insuffisantes. L'élan de 1792 a produit quelques beaux résultats ; mais l'ennemi ne nous opposa alors que des forces mal dirigées. L'année suivante, une série de revers marquèrent les efforts généreux de nos volontaires ; et ce ne fut qu'après les fortes organisations de Carnot et de Napoléon que nos armées acquirent toute leur valeur.

Il faut à la France des forces longtemps organisées d'avance, et malheureusement à aucune époque il n'en a fallu de plus considérables qu'aujourd'hui. Il serait injuste de faire retomber la responsabilité de cette situation sur le gouvernement du pays ; elle résulte du cours naturel des événements extérieurs. Un gouvernement peut régler à ses convenances les forces destinées à protéger la sécurité intérieure, le chiffre de ses troupes en temps de paix, de ses gardes, de sa gendarmerie, il ne peut limiter à sa guise les forces militaires appelées à assurer sa puissance au dehors ; il est obligé de régler ses armements sur les armements des pays voisins. La Prusse a donné le signal d'une aggravation de charges bien lourde. Nourrissant une ambition mal en rapport avec sa puissance, elle a doublé sa force militaire en faisant de chaque Prussien un soldat. Cet essai lui a réussi : elle a subjugué l'Allemagne et lui a imposé son système. Les forces militaires de la France ne peuvent rester au-dessous de celles des nations voisines. Et alors, on doit se poser ces deux questions : 1° Quelle est la valeur de nos institutions militaires? 2° Nos forces disponibles seraient-elles suffisantes dans toutes les éventualités?

Les institutions militaires de la France doivent compter parmi les plus belles du pays. Elles sont l'œuvre du temps et du génie; elles n'ont pas l'empreinte exclusive d'une seule époque ou d'un seul régime; elles ne se ressentent ni de traditions surannées ni d'innovations irréfléchies; elles ont conservé à travers les révolutions les éléments vitaux qui les avaient constituées. L'organisation de l'armée, commencée par Louvois, a été achevée par Carnot et Napoléon. Le mode de recrutement, laissé si longtemps à la discrétion et aux abus des gouvernements, a été heureusement résolu par les lois de 1818 et 1832; l'armée actuelle est essentiellement une force nationale formée à l'image du pays; elle a fait ses preuves sous le nouvel Empire.

L'institution est donc bonne, mais nos forces sont-elles suffisantes? Elles sont suffisantes pour une guerre ordinaire, elles ne le seraient pas en cas de conflagration générale ou seulement d'une lutte sur le Rhin, notre armée n'étant pas appuyée par une forte réserve préparée à entrer immédiatement en ligne. En aucun temps, la France n'a eu de réserve organisée. Pour porter l'armée du pied de paix au pied de guerre, l'ancienne monarchie employait le racolage et les milices provinciales, la République, les réquisitions et les levées en masse, l'Empire, la conscription. Depuis le premier Empire jusqu'à nos jours, les appels ont suffi à tous les besoins du pays; mais restreints aux proportions actuelles, ils ne suffiraient plus dans toutes les éventualités à prévoir. Sans doute, si la patrie était en danger, tous les citoyens voleraient à son secours, mais en attendant que les grandes levées fussent organisées, le pays resterait à découvert. Le danger d'une pareille situation serait capital. Les hommes ne feraient pas défaut, mais les soldats ; le temps nous manquerait peut-être pour réunir nos moyens d'action. Les guerres modernes sont courtes, mais décisives ; il faut être prêt et sous les armes en un moment donné ; toute disposition tardive est stérile. Dès que l'armée active serait aux prises avec l'ennemi sur notre frontière ébréchée, il faudrait que la réserve pût coopérer à la défense et combler les vides ; et c'est dans ce sens qu'on peut dire qu'il faut discipliner la nation. •

Il est nécessaire d'envisager en face cette grave question, de savoir accepter résolûment les sacrifices que sa solution impose, et d'examiner avec patriotisme les mesures que le Gouvernement propose dans ce but.

On exagère singulièrement l'aggravation de charges que la création d'une forte réserve entraînera. Dans l'organisation proposée, les charges nouvelles sont plus apparentes que réelles : les contingents resteront plus longtemps liés au service, mais ils seront moins longtemps sous les drapeaux ; les jeunes gens que le sort n'aura pas atteints formeront, comme gardes mobiles, une réserve qui ne sera soumise, en temps ordinaire, à aucune obligation de service sérieuse. Cette combinaison fournira le moyen de doubler nos forces en temps de guerre. Si les chances du sort ne dégagent plus un grand nombre de jeunes gens de l'obligation naturelle de défendre leur pays en cas de guerre générale ou d'invasion, faudra-t-il donc s'en plaindre? N'admet-on pas que dans ces crises suprêmes tous les Français se doivent à leur pays ? Or, le projet de loi est la mise en pratique de ce principe pour tous les jeunes gens de vingt à trente ans. En le dégageant du surcroît de charges inévitable en temps de guerre, et auquel tous les Français sont d'avance résignés, on verra qu'il n'en entraînera pas de considérable en temps de paix.

Une loi sur la réserve, ainsi entendue, est une sage loi de prévoyance. Les États, comme les individus, sont exposés à des épreuves qui les placent dans l'alternative ou de déchoir par insuffisance de ressources ou de se sauver par le développement de toutes leurs forces. Dans cette prévision, ils doivent craindre d'immobiliser leurs moyens et de rester impuissants devant le danger. Mais la préparation des mesures dont l'exécution est réservée au temps de guerre, n'est aucunement ruineuse pour le temps de paix ; bien au contraire, car l'État, rassuré sur l'avenir par la bonne disposition des forces publiques, marchera plus librement, et sans trop se préoccuper des agitations du dehors, dans la voie du progrès.

Ainsi, une bonne organisation de la réserve offrira le double avantage de ne pas augmenter notablement le poids du recrutement en temps de paix et de préparer des ressources efficaces pour le temps de guerre.

Si l'on considère de quelle importance vitale est pour la France la question du recrutement de ses armées, on s'estimera heureux que sa solution ait été obtenue par des sacrifices relativement si restreints.

<hr>

III

De la fixation annuelle du contingent.

Une partie du parlement et du public réclame le vote annuel du contingent au double titre des prérogatives des

Chambres et des garanties des intérêts des citoyens. On n'oublie qu'un seul intérêt, celui de nos institutions militaires.

Un examen impartial de cette grave question, fait reconnaître que ni les prérogatives des Chambres ni la garantie des droits des citoyens, ne sont attachées au vote annuel du contingent.

De ce que sous la République et l'Empire, les gouvernements ont pu abuser des réquisitions et de la conscription, on en est venu à demander, pour empêcher tout arbitraire, que le contingent soit fixé tous les ans par une loi spéciale. Pour mieux assurer l'exercice de ce droit, et partant de certaines analogies existant entre l'octroi des hommes et celui de l'argent, on a assimilé le vote du contingent au vote de l'impôt, et on a établi pour l'un comme pour l'autre le principe de l'annalité. Cette analogie a été confirmée en quelque sorte dans l'opinion par le mot célèbre du général Foy : «l'impôt du sang.» En réalité, elle existe plutôt dans la forme que dans le fond. D'abord, les dépenses des États se règlent sur leurs revenus; les pouvoirs publics sont libres de les diminuer ou de les accroître. Le contingent se règle sur le danger que le pays peut courir, et personne n'en peut d'avance limiter l'étendue. D'un autre côté, le budget comprend une série de dépenses qui, sans doute, se lient entre elles au point de vue de la prospérité générale, mais qui sont sans relations nécessaires les unes aux autres. L'armée, au contraire, est un tout, un édifice complet dont tous les côtés se lient, et dont on ne peut, à volonté, retrancher des parties sans faire tort à l'ensemble. Le mot du général Foy, juste et frappant sous le rapport de l'égalité de la répartition, ne peut être étendu au mode d'allocation. Si l'on veut pousser encore plus loin l'analogie, on est frappé de plus en plus des dissemblances. Le

devoir de servir et de défendre son pays est une obligation
morale, dont la dose, comme celle de l'impôt, ne peut se régler annuellement en raison des récoltes et des saisons. Le
produit de l'impôt se répand plus ou moins abondant sur le
corps social et protége un plus ou moins grand nombre d'intérêts; l'armée est une institution spéciale, compliquée, que
le temps a amenée au degré de perfection où elle se trouve et
qu'il faut soigneusement et constamment entretenir au complet. Mettre tous les ans en discussion le chiffre du contingent, c'est mettre tous les ans en discussion la constitution de
l'armée, et cela n'est ni rationnel, ni prudent. Le refus de sta-
tuer pour plus d'un an sur le recrutement de l'armée, sous
prétexte de ne pas enlever au parlement une de ses prérogatives, ne ressemble-t-il pas au refus que ferait une ville,
dans le but de ne pas aliéner ses droits à venir, d'élever un
édifice indispensable à ses intérêts, se ménageant ainsi le
droit d'ordonner tous les ans l'édification d'échafaudages
ambulants?

La bonne constitution de l'armée exige donc qu'elle ne
soit pas mise en discussion tous les ans. J'ai hâte d'ajouter
que ce principe n'est pas opposé au droit de contrôle des
Chambres. La garantie de leurs droits est attachée, non au
vote annuel du contingent, mais au vote des lois constitutives
de l'armée. Là est la prérogative vraie et efficace des Chambres. Mais une fois la constitution de nos forces militaires
arrêtée, il faut s'y tenir ; le vote annuel, sérieusement pra-
tiqué, serait une cause de désorganisation. S'il n'est qu'une
formalité, comme il l'a été depuis 1830 jusqu'aujourd'hui,
et qu'on ne maintient qu'au nom d'une vaine théorie, il faut
le reconnaître et savoir s'en passer. Dans le projet du Gouvernement, le cadre des forces militaires nécessaires à la
France dans toutes les éventualités, est ainsi fixé : armée
active, réserve, garde mobile ; ce sont les trois pivots de

nos forces nationales. Comprendrait-on que cette vaste organisation, si longtemps méditée et discutée, une fois adoptée, soit remise tous les ans en question par le vote du contingent? Mais si elle est mauvaise, il faut la rejeter; si elle est bonne, pourquoi y revenir tous les ans et en faire le thème de nos discussions politiques et le champ de bataille des oppositions?

On comprend, à la rigueur, qu'après les guerres de la République et de l'Empire, les Chambres aient désiré se réserver l'examen annuel de ces grandes questions. On sortait de temps d'exception et on rentrait dans la légalité; puis, on allait hésitant et tâtonnant sur ces importantes matières. Quel sera le mode de recrutement? A quels effectifs faudra-t-il se fixer? Quelle sera la durée du service? Toutes ces questions étaient à étudier de près. On espérait, par exemple, que le recrutement principal de l'armée se ferait par la voie des engagements volontaires; or, le chiffre de ces engagements étant nécessairement variable, on voulait conserver le droit de se décider suivant les circonstances. On discuta longuement aussi sur le point de savoir quel serait le minimum et le maximum de l'armée. Tous ces doutes, toutes ces questions furent exposés avec éloquence par M. Royer-Collard. Cependant le principe du vote annuel ne fut pas admis en 1818; il ne fut introduit que dans la charte de 1830.

Aujourd'hui, on est fixé sur le chiffre du pied de paix qui doit remplir ces conditions : 1° Être suffisant pour satisfaire aux éventualités ordinaires du pied de paix; 2° être constitué de telle sorte qu'il se prête à toutes les augmentations que peut exiger le temps de guerre. Nos discussions actuelles portent sur le chiffre de ces augmentations éventuelles. Or, le droit d'intervenir dans cette question et de la décider appartient aux pouvoirs législatifs; mais une fois la base de la réserve admise, faudra-t-il la remettre à l'étude à chaque session, et débattre tous les ans à nouveau le chiffre du pied de paix et celui du pied de guerre?

Du reste, l'examen du budget de la guerre donne aux Chambres l'occasion de s'occuper annuellement de la composition de l'armée. Mais alors les choses sont à leur place : ce n'est plus l'institution qui est mise en jeu, l'armée n'est plus mise en problème; c'est une question d'effectif, de plus ou de moins, qui se débat, et une loi de budget ne devient pas une loi constitutive. Le contrôle existe, mais la base de l'institution est respectée.

———

IV

CONCLUSION

Les derniers événements de l'Europe ont jeté beaucoup d'esprits dans une sorte d'anarchie qui leur voile la vérité touchant les intérêts fondamentaux du pays. On semble renier les traditions séculaires de la France; on traite d'intérêts chimériques les intérêts que nos pères ont poursuivis avec ardeur pendant huit siècles. Mais la force des choses, la logique des faits, nous force à y revenir. Reculer nos frontières jusqu'au Rhin est la plus ancienne et la plus pure de nos traditions. Tous nos grands hommes, tous nos gouvernements ont tendu vers ce but; tout gouvernement y doit tendre encore. Mais aucun, j'en suis persuadé, ne serait comme le Gouvernement actuel en état de résoudre ou du moins d'avancer ce vaste problème. Seul, il possède la confiance et l'autorité morale nécessaires pour entraîner toutes les volontés, quand l'heure d'agir sera arrivée. La modération et la dignité calme qu'il a conservées en présence des derniers événements, ne sont pas un démenti donné à notre politique traditionnelle. Mais il faut aider et seconder ses efforts; il faut lui laisser le choix et des moyens et de l'heure de l'action ; il faut surtout ne pas lui marchander les forces qui pourront lui être nécessaires dans certaines éventualités. Refuser son concours à la réorganisation de l'armée, sous prétexte d'opposition, serait mal servir son pays. Deux courants le traversent en ce moment, un courant libéral et un courant patriotique. Si tous nos vœux ne peuvent être exaucés à la fois, classons-les par ordre d'urgence. Le courant libéral répond, dit-on, aux droits de la nation, mais le courant patriotique répond à ses devoirs. Or les nations, comme les individus, sont tenues d'obéir au devoir avant d'invoquer leurs droits. Réunissons donc nos efforts, que la France soit grande avant tout, et qu'ensuite la liberté vienne couronner sa grandeur!

Novembre 1867.

Paris. — Typographie et lithographie Renou et Maulde, rue de Rivoli, 144.   9672